BEI GRIN MACHT SICH IHR
WISSEN BEZAHLT

- Wir veröffentlichen Ihre Hausarbeit,
  Bachelor- und Masterarbeit

- Ihr eigenes eBook und Buch -
  weltweit in allen wichtigen Shops

- Verdienen Sie an jedem Verkauf

Jetzt bei www.GRIN.com hochladen
und kostenlos publizieren

Grundlagen des Sportanlagen- und Sportstättenbaus. Kommunale Sportentwicklungsplanung, Finanzierung und digitale Vermarktung

Josefine Dybza

Bibliografische Information der Deutschen Nationalbibliothek:

Die Deutsche Nationalbibliothek verzeichnet diese Publikation in der Deutschen Nationalbibliografie; detaillierte bibliografische Daten sind im Internet über http://dnb.d-nb.de abrufbar.

ISBN: 9783346375216
Dieses Buch ist auch als E-Book erhältlich.

© GRIN Publishing GmbH
Nymphenburger Straße 86
80636 München

Druck und Bindung: Books on Demand GmbH, Norderstedt Germany
Gedruckt auf säurefreiem Papier aus verantwortungsvollen Quellen

Das vorliegende Werk wurde sorgfältig erarbeitet. Dennoch übernehmen Autoren und Verlag für die Richtigkeit von Angaben, Hinweisen, Links und Ratschlägen sowie eventuelle Druckfehler keine Haftung.

Das Buch bei GRIN: https://www.grin.com/document/1001535

Deutsche Hochschule für
Prävention und Gesundheitsmanagement
Hermann Neuberger Sportschule 3
66123 Saarbrücken

Einsendeaufgabe

Fachmodul: Sportanlagen- und Sportstättenmanagement

Studiengang: Bachelor Sportökonomie

Datum
Präsenzphase: 22. – 25.10.2018

Name, Vorname: Dybza, Josefine

Studienort: **Stuttgart**

Semester: **SS 2016**

Inhaltsverzeichnis

1 Sportanlagen- und Sportstättenbau

Tabelle 1: Schritte der Planung

Vorgang	Zeitbedarf (Monate)	Vorgänger	Nachfolger
A Markt- und Bedarfsanalyse	2	-	B
B Standortwahl	1	A	D
C Sportverhaltens- und Nutzeranalyse	3	A	D
D Raumprogramm und Funktionsanalyse	1	B,C	E
E Konzeptualisierung mit Kostenschätzung und Betriebskostenanalyse	4	D	F
F Machbarkeit und Finanzierung klären	6	E	G
G Planung und Festlegung der Baudetails	8	F	H
H Realisierung des Baus	14	G	I
I Betrieb der Sporthalle	>12	H	-

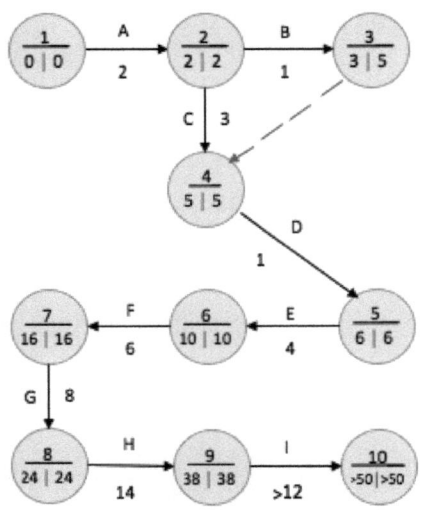

Abbildung 1: PLANNET-Diagramm

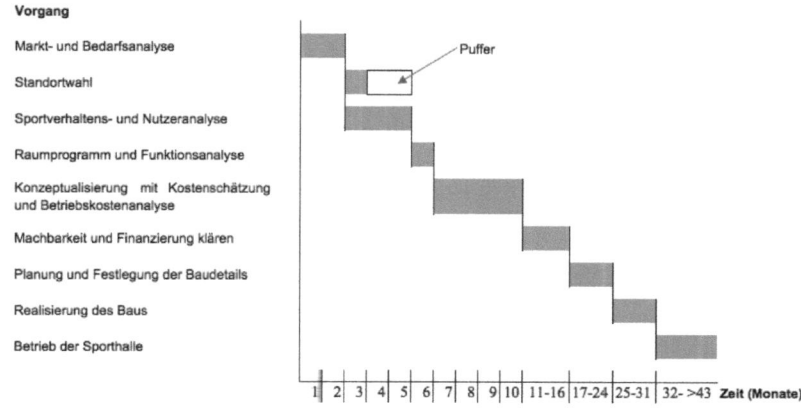

Vorgang

Markt- und Bedarfsanalyse

Standortwahl — Puffer

Sportverhaltens- und Nutzeranalyse

Raumprogramm und Funktionsanalyse

Konzeptualisierung mit Kostenschätzung und Betriebskostenanalyse

Machbarkeit und Finanzierung klären

Planung und Festlegung der Baudetails

Realisierung des Baus

Betrieb der Sporthalle

| 1 | 2 | 3 | 4 | 5 | 6 | 7 | 8 | 9 | 10 | 11-16 | 17-24 | 25-31 | 32- >43 | **Zeit (Monate)**

Abbildung 2: Netzplantechnik

Der Betrieb der Sportanlage kann frühestens nach 31 Monaten begonnen werden.

2 Kommunale Sportentwicklungsplanung

2.1 Grundformel zur Berechnung des Sportstättenbedarfs

$$\frac{\text{Sportbedarf (Sportler x Häufigkeit x Dauer)} \times \text{Zuordnungsfaktor}}{\text{Belegungsdichte} \times \text{Nutzungsdauer} \times \text{Auslastungsfaktor}} = \text{Sportstättenbedarf}$$

Abbildung 3: Grundformel zur Berechnung des Sportstättenbedarfs (BISP, 2000)

Mit oben genannter Formel lässt sich der Sportstättenbedarf in einigen Einzelschritten ermitteln: Der Sportbedarf setzt sich aus den Parametern Sportler, Häufigkeit und Dauer zusammen. Dabei umfasst der Wert „Sportler" die Menge der Personen, die eine Sportstätte nutzen möchten (Einwohner x Aktivenquote x Präferenzfaktor der entsprechenden Sportart). Die Häufigkeit ist die Anzahl der Sportaktivitäten pro Woche, während die Dauer den durchschnittlichen sportlichen Zeitaufwand pro Woche angibt. Anschließend legt der Zuordnungsfaktor fest, welcher Anteil einer Sportart auf welcher Sportanalage ausgeübt wird. Die Belegungsdichte besagt, wie viele Sportler eine Anlage zeitgleich nutzen können. Die Nutzungsdauer gibt Auskunft darüber, wie viele Stunden in der Woche eine Sportanlage genutzt werden kann. An dieser Stelle wird erwähnt, dass der Schulsport und der Wettkampfbetrieb am Wochenende nicht in der Nutzungsdauer inbegriffen sind. Der Auslastungsfaktor gibt das Verhältnis zwischen der tatsächlichen Ist-Auslastung und der maximal möglichen Auslastung einer Sportanlage an.

2.2 Berechnung des Sportstättenbedarfs

$24.000 \times 1,5 \times 1,8 = X$

$64.800 = X$

Der Sportbedarf beträgt 64.800.

Abbildung 4: Berechnung des Sportbedarfs

$$\frac{(24.000 \times 1,5 \times 1,8) \times 0,5}{25 \times 30 \times X} = 70$$

$$\frac{64.800 \times 0,5}{750\,X} = 70$$

$$\frac{32.400}{750\,X} = 70$$

$$32.400 = 52.500\,X$$

$$\frac{32.400}{52.500} = X$$

$$0,62 = X$$

Der Auslastungsfaktor beträgt 0,62.

Abbildung 5: Berechnung des Auslastungsfaktors

2.3 Förderinteressenten

„Während die Bundesregierung ausschließlich den Breitensport fördert, besitzen die Bundesländer und Kommunen lediglich Förderinteressen am Spitzensport."

Diese Aussage ist in Bezug auf Bundesregierung sowie Bundesländer und Kommunen und deren Förderinteressen widersprüchlich. Grundsätzlich erfolgt eine Finanzierung des Sports durch Bund, Länder und Kommunen. Die Förderer unterscheiden sich allerdings angesichts der jeweils unterschiedlichen Zielsetzungen.

Zumal der Bundesregierung ist die Unterstützung deutscher Spitzensportlerinnen und – Sportler wichtig, da deren Leistung und Auftreten zum Ansehen Deutschlands in aller Welt beiträgt. Darüber hinaus stellen Spitzensportler eine Vorbildfunktion für junge, alte, behinderte und nicht behinderte Menschen dar. Sie haben eine soziale und integrative Funktionsrolle. Ziel ist die Sicherung von optimalen Trainings-und Wettkampfbedingungen für die Bundessportfachverbände. Grundsätzlich sind diese jedoch selbst für ihre Finanzierung verpflichtet, bevor eine ergänzende, finanzielle Hilfe durch den Bund erfolgt (Subsidiaritätsprinzip).

Die Förderung des Breitensports hingegen ist eine gesamtstaatliche Aufgabe, die meist Kommunen und Bundesländer vertreten. Zentrale Rolle spielt hier der Einsatz für rund 24 Millionen Mitglieder in rund 91.000 Sportvereinen. Aufgrund der vielfältigen positiven Wirkungen und der starken gesamtgesellschaftlichen Bedeutung des Freizeitsports, fördern Länder den organisierten Sport in Vereinen und Verbänden. Im Sport bekommen Menschen die Möglichkeit, Werte wie Engagement, Verlässlichkeit, Teamgeist, Fairplay und Toleranz zu erlernen.

3   Finanzierung und Betrieb von Sportanlagen

3.1 Investition und Finanzierung

Tabelle 2: Berechnung der Barwerte

Jahr	Einzahlungen A	Einzahlungen B	Einzahlungen gesamt	Abzinsung	Barwert
1	50.420,17 €	12.000,00 €	62.420,17 €	1,1^-1	56.745,61 €
2	57.983,19 €	12.000,00 €	69.983,19 €	1,1^-2	57.837,35 €
3	66.680,67 €	12.000,00 €	78.680,67 €	1,1^-3	59.113,95 €
4	76.682,77 €	12.000,00 €	88.682,77 €	1,1^-4	60.571,53 €
5	88.185,19 €	12.000,00 €	100.185,19 €	1,1^-5	62.207,12 €
Summe					296.475,56 €

Jahr	Auszahlungen	Abzinsung	Barwert
1	100.000,00 €	1,1^-1	90.909,09 €
2	103.000,00 €	1,1^-2	85.123,97 €
3	106.090,00 €	1,1^-3	79.706,99 €
4	109.272,70 €	1,1^-4	74.634,72 €
5	112.550,88 €	1,1^-5	69.885,24 €
Summe			400.260,01 €

Rechenweg für die Barwerte der Einzahlungen:

Jahr 1:

Einzahlung A: 60.000 € : 1,19 = 50.420,17 €

Einzahlung B: 12 Monate x 1.000 € = 12.000 €

Einzahlung gesamt: 50.420,17 € + 12.000 € = 62.420,17 €

Barwert: 62.420,17 € x $1,1^{-1}$ = 56.745,61 €

Jahr 2:

Einzahlung A: 50.420,17 € x 1,15 = 57.963,19 €

Einzahlung B: 12 Monate x 1.000 € = 12.000 €

Einzahlung gesamt: 57.963,19 € + 12.000 € = 69.983,19 €

Barwert: 69.983,19 € x $1,1^{-2}$ = 57.837,35 €

Jahr 3:

Einzahlung A: 57.963,19 € x 1,15 = 66.680,67 €

Einzahlung B: 12 Monate x 1.000 € = 12.000 €

Einzahlung gesamt: 66.680,67 € + 12.000 € = 78.680,67 €

Barwert: 78.680,67 € x $1,1^{-3}$ = 59.113,95 €

Jahr 4:

Einzahlung A: 66.680,67 € x 1,15 = 76.682,77 €

Einzahlung B: 12 Monate x 1.000 € = 12.000 €

Einzahlung gesamt: 76.682,77 € + 12.000 € = 88.682,77 €

Barwert: 88.682,77 € x $1,1^{-4}$ = 60.571,53 €

Jahr 5:

Einzahlung A: 76.682,77 € x 1,15 = 88.185,19 €

Einzahlung B: 12 Monate x 1.000 €= 12.000 €

Einzahlung gesamt: 88.185,19 € + 12.000 € = 100.185,19 €

Barwert: 100.185,19 € x $1,1^{-5}$ = 62.207,12 €

Summe der Barwerte der Einzahlungen:

56.745,61 € + 57.837,35 € + 59.113,95 € + 60.571,53 € + 62.207,12 € = 296.475,56 €

Rechenweg für die Barwerte der Auszahlungen:

Jahr 1:

Auszahlung: 100.000 €

Barwert: 100.000 € x $1,1^{-1}$ = 90.909,09 €

Jahr 2:

Auszahlung: 100.000 € x 1,03 = 103.000 €

Barwert: 103.000 € x $1,1^{-2}$ = 85.123,97 €

Jahr 3:

Auszahlung: 103.000 € x 1,03 = 106.090 €

Barwert: 106.090 € x $1,1^{-3}$ = 79.706,99 €

Jahr 4:

Auszahlung: 106.090 € x 1,03 = 109.272,70 €

Barwert: 109.272,70 € x $1,1^{-4}$ = 74.634,72 €

Jahr 5:

Auszahlung: 109.272,70 € x 1,03 = 112.550,88 €

Barwert: 112.550,88 € x $1,1^{-5}$ = 69.885,24 €

Summe der Barwerte der Auszahlungen:

90.909,09 € + 85.123,97 € + 79.706,99 € + 74.634,72 € + 69.885,24 € = 400.260,01 €

Berechnung des Kapitalwerts:

K = - Anschaffungskosten + $\sum$ Barwerte Einzahlungen - $\sum$ Barwerte Auszahlungen

K = - 3.000.000 € + 296.475,56 € - 400.260,01 €

K = - 3.103.784,45 €

Der ermittelte Kapitalwert beträgt - 3.103.784,45 €.

3.2 Auslastungsanalyse einer Sportanlage

Tabelle 3: Auslastungsanalyse

Belegungszeitraum	Belegung				
			Belegungsdichte		
	Stunden	Sportart	Ist-Belegungs-dichte		Soll-Belegungs-dichte
Montag 17:00-18:30 Uhr	1,5	Handball	14		12
Dienstag 20:00-21:30 Uhr	1,5	Keine Belegung	-		15
Mittwoch 19:00-21:30 Uhr	2,5	Basketball	15		20
Donnerstag 20:00-22:00 Uhr	2	Fußball	18		15
Freitag 19:00-20:00 Uhr	1	Badminton	5		15

	Auslastung			
	Rechenweg	Ist		Soll
Ist-Nutzungsdauer (Std/Wo)	1,5+2,5+2+1=7	7		
Soll-Nutzungsdauer (Std/Wo)	1,5+1,5+2,5+2+1=8,5			8,5
Ist-Sportler insgesamt (Spo)	14+15+18+5=52	52		
Soll-Sportler insgesamt (Spo)	12+15-20+15+15=67			67
Ist-Sportlerstunden insgesamt (Spo x Std/Wo)	1,5x14+2,5x15+2x18+1x5=99,5	99,5		
Soll-Sportlerstunden insgesamt (Spo x Std/Wo)	1,5x12+1,5x15+2,5x20+2x15+1x15=135,5			135,5
Auslastung in % ((Ist-Sportlerstunden pro Woche/ Soll-Sportlerstunde pro Woche) x 100)	(99,5 : 135,5) x 100	73,43 %		
Maximale Nutzungskapazität	vorgegeben	83 %		
Kapazitätsreserve	83 % - 73,43 %= 9,57 %	9,57 %		

Im ersten Schritt wird die Ist-Nutzungsdauer mit der Soll-Nutzungsdauer verglichen. Die Ist-Nutzungsdauer gibt an, wie viele Stunden pro Woche (Montag bis Freitag) tatsächlich genutzt werden. Dazu werden die Stunden addiert, wobei alle Zeiträume mit Ist-Belegungsdichte gleich Null (in diesem Fall Dienstag) unberücksichtigt bleiben. Die Soll-Nutzungsdauer hingegen gibt an, wie viele Stunden pro Woche möglichst genutzt werden sollen. Hierbei werden ausnahmslos alle Nutzungszeiträume unabhängig von der Ist-Belegungsdichte zusammengezählt. Im zweiten Schritt werden Ist-Sportler und Soll-Sportler gegenübergestellt. Die Ist-Sportler setzen sich aus der Summe der Ist-Belegungsdichte zusammen und geben Auskunft darüber, wie viele Sportler insgesamt die Stunden in der Woche genutzt haben. Die Soll-Sportler dagegen sind die höchstmögliche Anzahl an Nutzern pro Woche. Dieser Wert ergibt sich aus der Addition aller Soll-Belegungsdichten der Woche. Des Weiteren werden die Ist-Sportlerstunden berechnet, indem man die Nutzungszeiträume der jeweiligen Wochentage mit den entsprechenden Ist-Belegungsdichten multipliziert und deren Ergebnisse zum Schluss aufaddiert. Dem gegenüber stehen die Soll-Sportlerstunden, die gleich der Ist-Sportlerstunden ermittelt werden- mit der Ausnahme, dass anstatt der Ist-Belegungsdichte die Soll-Belegungsdichte als Rechengröße verwendet wird. Die tatsächliche Auslastung der Sportanlage kann nun anhand der gewonnen Werte prozentual ermittelt werden. Dazu werden die Ist-Sportlerstunden durch die Soll-Sportlerstunden dividiert und mit dem Faktor 100 multipliziert. Verglichen mit der gegebenen maximalen Nutzungskapazität von 83% ergibt sich daraus eine Differenz von 9,57 % Kapazitätsreserve. Generell sollte die Auslastung einer Sportanlage hoch und die Kapazitätsreserve gering sein.

3.3 Auslastungsoptimierung

Tabelle 4: Auslastungsoptimierung

Belegungszeitraum	Belegung			
			Belegungsdichte	
	Stunden	Sportart	Ist-Belegungs-dichte	Soll-Belegungs-dichte
Montag 17:00-18:30 Uhr	1,5	Badminton	5	12
Dienstag 20:00-21:30 Uhr	1,5	Handball	14	15
Mittwoch 19:00-21:30 Uhr	2,5	Fußball	· 18	20
Donnerstag 20:00-22:00 Uhr	2	Basketball	15	15
Freitag 19:00-20:00 Uhr	1	Keine Belegung	-	15
	Auslastung			
	Rechenweg		Ist	Soll
Ist-Nutzungsdauer (Std/Wo)	1,5+1,5+2,5+2=7,5		7,5	
Soll-Nutzungsdauer (Std/Wo)	1,5+1,5+2,5+2+1=8,5			8,5
Ist-Sportler insgesamt (Spo)	5+14+18+15=52		52	

Soll-Sportler insgesamt (Spo)	12+15+20+15+15=67		67	
Ist-Sportlerstunden insgesamt (Spo x Std/Wo)	1,5x5+1,5x14+2,5x18+2x15=103,5	103,5		
Soll-Sportlerstunden insgesamt (Spo x Std/Wo)	1,5x12+1,5x15+2,5x20+2x15+1x15=135,5		135,5	
Auslastung in % ((Ist-Sportlerstunden pro Woche/ Soll-Sportlerstunde pro Woche) x 100)	(103,5 135,5) x 100	76,38 %		
Maximale Nutzungskapazität	vorgegeben	83 %		
Kapazitätsreserve	83 % - 76,38 %= 3,72 %	6,62 %		

Um die Kapazitätsreserve unter 9,57% zu senken, muss die Auslastung erhöht werden. Hierzu bietet sich eine neue Belegungszuweisung der Trainingsgruppen an, um die Ist-Nutzungsdauer als auch die Ist-Sportlerstunden zu steigern. Zunächst wird Fußball und Basketball getauscht, da die Ist-Belegungsdichte von Fußball ohnehin über der Soll-Belegungsdichte liegt und man damit den Bedürfnissen der Teilnehmer gerechter wird. Folgend haben die Fußballer eine halbe Stunde mehr und die Basketballer eine halbe Stunde weniger Trainingszeit, was für beide Trainingsgruppen als annehmbar wäre. Aus demselben Grund wird Handball von Montag auf Dienstag gelegt, wobei hier der Nutzungszeitraum unverändert bleibt und die zuvor unbelegte Halle wieder genutzt werden kann. Zuletzt wird Badminton auf Montag gelegt, während sich die Nutzungsdauer zugunsten der Sportler um 30 Minuten verlängert.

Die Erhöhung der Ist-Nutzungsdauer steigt somit um 0,5 Stunden, erhöht damit die Ist-Sportlerstunden auf 103,5 und resultiert in einer Erhöhung der Auslastung um knapp 3%. Die Auslastung könnte man noch weiter steigern, indem man die Ist-Belegungsdichten von unbeliebteren Sportarten erhöht- beispielsweise durch die Steigerung der Attraktivität der jeweiligen Sportart. Alternativ könnte man neue zusätzliche Sportarten auf der Sportanlage anbieten.

3.4 Nachhaltigkeit von Sportstätten

Gegenwärtig bedeutet „Nachhaltigkeit" die Realisierung eines umwelt- und sozialverträglichen wirtschaftlichen Erfolgs unter gleichwertiger Berücksichtigung der drei Nachhaltigkeitsdimensionen „Ökonomie", „Ökologie" und „Soziales" (Hauff & Kleine, 2009, S.17). Diese Dimensionen formen das unten dargestellte „Drei-Säulen-Modell der Nachhaltigkeit".

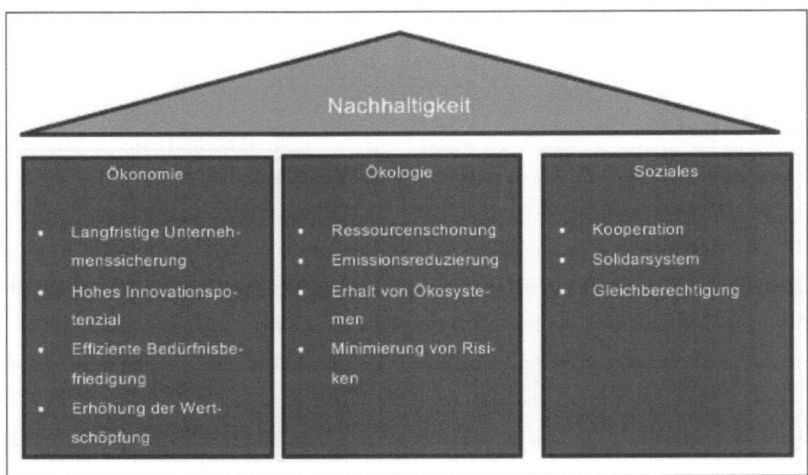

Abbildung 6: Drei Säulen-Modell der Nachhaltigkeit (modifiziert nach Hauff & Kleine, 2009, S. 17)

Die ökonomische Nachhaltigkeit hat den Erhalt und die Steigerung der Leistungsfähigkeit und eine andauernde Verbesserung der Wirtschaftlichkeit zum Ziel. Die ökologische Nachhaltigkeit dagegen hat den Anspruch auf die Erhaltung des ökologischen Systems als Lebensgrundlage des Menschen (Corsten & Roth, 2012, S. 5). Dabei ist wesentlich, wie durch umweltschonende Maßnahmen Kosten gesenkt werden können oder ein Wettbewerbsvorteil erreicht werden kann (Corsten & Roth, 2012, S. 5). In der sozialen Nachhaltigkeit unterscheidet man zwischen Grundbedürfnissen und Grundgütern (Hauff, 1987, S. 20). Diese sollten für alle Gruppen, auch für sozial schwache, zugänglich sein, um gleich Verwirklichungschancen aufgrund gleicher Voraussetzungen zu ermöglichen. Als Grundgüter gelten Toleranz, Solidarität, Gemeinwohlorientierung und der Rechts- und Gerechtigkeitssinn, die als Basis für den langfristigen gesellschaftlichen Zusammenhalt gelten (Hauff, 1987, S. 21). Des Weiteren ist das Konzept des Sozialkapitals ein Bestandteil der sozialen Nachhaltigke:t. Darunter werden Netzwerke, Vertrauen und Normen einer Gesellschaft verstanden, sprich die soziale Interaktion (Plünnecke & Schlaffke, 2016, S. 95).

Auf Basis des Drei-Säulen Modells ist unter Nachhaltigkeit in Bezug auf Sportanlagen und Sportstätten zu verstehen, „diese so zu planen und zu betreiben, dass ein möglichst großer Nutzen für den Eigentümer/Betreiber, die Nutzer (Mitarbeiter, Sporttreibende) und die Gesellschaft entsteht, bei gleichzeitiger Vermeidung bzw. kontinuierlicher Reduzierung negativer ökologischer, ökonomischer und sozialer Folgen" (Neuerburg, 2009, S. 6). Beim Betrieb von Sportanlagen sind die Dimensionen der Nachhaltigkeit zusätzlich in Bezug auf die bauliche Infrastruktur, die Nutzung, die Organisation und bei Sportgroßveranstaltungen zu betrachten. Unterstehende Abbildung stellt diese Nachhaltigkeitsbeziehungen dar.

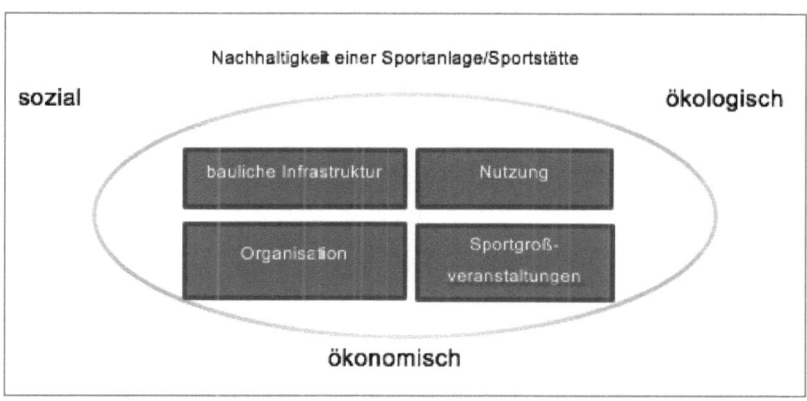

Abbildung 7: Nachhaltigkeitsbeziehungen von Sportanlagen (modifiziert nach Bielzer, 2011, S. 157)

Um eine Sportanlage nachhaltig gestalten zu können, bedarf es folgend einer durchdachten Organisation, welche genaue Ziele festlegt und verfolgt. Darüber hinaus sollte vorweg überlegt werden, wofür die Sportanlage genau genutzt werden soll, um möglichst vielen sozialen Gruppen Zugang zu verschaffen und welche Maßnahmen im Bereich der baulichen Infrastruktur dafür notwendig sind. Besonders bei Sportgroßveranstaltungen ist eine umfassende und gut durchdachte Strategie unverzichtbar, da die hohen Besucheranzahlen immense positive als auch negative Auswirkungen haben können.

In der Aussage „die nachhaltigsten Olympischen Spiele sind die, die gar nicht stattfinden" wird ein Fazit zur Umsetzung der Olympischen Spiele 2012 in London gezogen (Siemes, 2012). Dieser Aussage kann so nicht zugestimmt werden. Mit dem so genannten „A blue print for change - Nachhaltigkeitskonzept" wollte das Organisationskomitee die grünsten olympischen Spiele organisieren. Alle Ziele konnten jedoch nicht erreicht werden. Die fünf Schwerpunkte in der verfolgten Strategie waren Klimawandel, Biodiversität, Abfallentsorgung und soziale Partizipation und gesundes Leben (Zaragoza, 2013). Laut einem Nachhaltigkeitsreport von Enrique Zaragoza (Zaragoza, 2013) konnten die bedeutendsten Erfolge in der Reduktion des CO_2-Ausstoßes bei Sportanlagen durch die Verwendung von nachhaltigen Materialien verzeichnet werden. Wirtschaftlich betrachtet waren die Olympischen Spiele 2012 „in time und under budget" (Grewe, 2012, S. 10). Das heißt die Ausgaben wurden durch Eintrittsgelder, Sponsoreneinnahmen und TV-Rechte wieder refinanziert. Weniger erfolgreich war dagegen die Erhöhung des Anteils erneuerbarer Energien. Laut WWF & BioRegional wurden nur 9% anstatt der geplanten 20% des Energieverbrauchs aus erneuerbaren Energien bezogen werden (Zaragoza, 2013). Als Fazit ist bei den genannten olympischen Spielen nicht alles nach Plan gelaufen, jedoch geht diese Sportgroßveranstaltung als gutes Beispiel für alle zukünftigen Olympischen Spiele in anderen Ländern voran.

4 Digitale Vermarktung von Sportanlagen und Sportstätten

Tabelle 5: Möglichkeiten der digitalen Vermarktung

Möglichkeit	Mehrwert Betreiber (Verein)	Mehrwert Fans	Mehrwert Sponsoren
WLAN	-Aktualität (Aktualisierung von Informationen sehr rasch und einfach möglich) -Erweiterung der Serviceleistung	-Benutzerfreundlichkeit -Möglichkeit des Informationsaustausches	-Infrastruktur für neue Vermarktungsstrategien -Globale Kommunikation
Spieltag-/Vereins-App	-Analyse des Nutzungsverhaltens ->Chance für neue Vermarktungskonzepte -Zusätzliche Möglichkeit für Merchandising	-Spielbegleitende Zusatzinformationen und Informationen rund um den verein -Plattform für Ticketbörse als Zweitmarkt für nicht genutzte Tickets	-Chance für neue und zielgruppengerechte Vermarktungsstrategien -Minimierung von Streuverlusten
Soziale Medien	-Gezielte Steuerung des Vereins-Image -Zielgruppenspezifische Ansprache/Werbung	-direkte und schnelle Kommunikation mit Fans ist weltweit 24 Stunden rund um die Uhr möglich -Neuigkeiten rund um den Verein	-Steigerung des Bekanntheitsgrades und engerer Kontakt zu Kunden -zielgruppenorientierte Ansprache
Virtuelle Werbung	-Monetisierung von Medienrechten -Angebot einer zielgenauen Lösung für Partner und Sponsoren	-Zuschauer in Auslandsmärkten bekommen eine auf sie zugeschnittene Werbung/Angebot zu sehen -Möglichkeit von Produkt- und Unternehmensvergleichen	-maßgeschneiderte Werbemittel für regionale oder internationale Zielgruppen -Maximierung der Reichweite -Aktivierung der Marke

5 Literaturverzeichnis

Bielzer, L. (2011). Nachhaltigkeit bei Sport- und Veranstaltungsimmobi- lien – Histo rie, aktueller Stand und Perspektiven bei ausgewählten Immobilienclustern. In L. Bielzer & R. Wadsack (Hrsg.), Betrieb von Sport- und Veranstaltungsimmobi lien. Managementherausforderungen und Handlungsoptionen (Blickpunkt

Sportmanagement, Bd. 3, 1. Aufl., S. 147-176). Frankfurt am Main: Peter Lang.

Bundesinstitut für Sportwissenschaft (BISP). (2000). Leitfaden für die Sportstättenent-
wicklungsplanung. Schondorf. Hofmann-Verlag.

Corsten, H. & Roth, S. (2012). Nachhaltigkeit als integriertes Konzept. In H. Corsten &
S. Roth (Hrsg.), Nachhaltigkeit - unternehmerisches Handeln in globaler Veran-
wortung (S. 1-14). Wiesbaden: Gabler.

Grewe, K. (2012). Das Projektmanagement der Olympischen Spiele 2012 in London.
ProjektMagazin (01). Verfügbar unter https://www.projektmagazin.de/arti
kel/das-projektmanagement-der-olympischen- spiele-2012-london_1061676.
Abgerufen am 09.11.2018

Hauff, M. von & Kleine, A. (2009). Nachhaltige Entwicklung. Grundlagen und Umsetzung. München: Oldenbourg.

Hauff, V. (Hrsg.). (1987). Unsere gemeinsame Zukunft. Der Brundtland- Bericht der
Weltkommission für Umwelt und Entwicklung.

Neuerburg, H.-J. (2009). Nachhaltiges Sportstättenmanagement - Ziele Handlungsfelder
und Perspektiven. In Deutscher Olympischer Sportbund (Hrsg.), Nachhaltiges
Sportstättenmanagement. Dokumentation des 17. Symposiums zur nachhaltigen
Entwicklung des Sports.

Plünnecke, A. & Schlaffke, W. (2016). Studienbrief Sportanlagen- und Sportmanage
ment. Saarbrücken: Deutsche Hochschule für Prävention und Gesundheit.

Rogge, J. (2011). Das Bekenntnis der Olympischen Bewegung zum Umweltschutz ist
stärker denn je. In DOSB (Hrsg.), Sport schützt Umwelt. IOC Umweltkonferenz
- vom Umweltschutz zur Nachhaltigkeit.

Siemes, C. (2012). Bilanz London 2012. Ein olympischer Feelgood-Moment in Camping-
atmosphäre. Verfügbar unter https://www.zeit.de/sport/2012-08/london-2012-
olympia-fazit-zeugnis/komplettansicht. Abgerufen am 09.11.2018.

Zaragoza, E. (2013). WWF und Bioregional Bericht über die olympischen Spiele in Lon
don. In Nachhaltigersport (Hrsg.). Verfügbar unter http://nachhaltiger
sport.com/2013/02/08/wwf-und-bioregional-bericht-uber-die-olympischen-
spiele-in-london/. Abgerufen am 09.11.2018.

6 Abbildungs- und Tabellenverzeichnis

6.1 Abbildungsverzeichnis

6.2 Tabellenverzeichnis